*3*

*Bibliografische Information der Deutschen Nationalbibliothek: Die Deutsche Nationalbibliothek verzeichnet diese Publikation in der Deutschen Nationalbibliografie; detaillierte bibliografische Daten sind im Internet über <u>dnb.dnb.de</u> abrufbar.*

© 2016 Marion Labinsky (m.labinsky@aon.at)

Alle Rechte vorbehalten

1. Auflage

Herstellung und Verlag:

BoD – Books on Demand, Norderstedt

ISBN: 9783743163836

# A Hauch von Seele

Marion Labinsky

*Das Buch ist gefüllt mit Gedichten in hochdeutscher und kärntnerischer Sprache:*

| | |
|---|---|
| Vorwort | 9 |
| Einleitung | 11 |
| Die Fülle des Lebens im Glauben des Seins | 13 |
| Stille | 14 |
| Allerheiligen/Allerseelen | 15 - 18 |
| Verabschiedungen in ihren Facetten und was für Erinnerungen bleiben | 19 - 55 |
| Neues Leben – alles anders | 57 - 72 |
| Weihnachten | 73 – 96 |
| Dank | 97 |

*Vorwort*

*Ein Hauch von Poesie*

*In ihrem literarischen Erstling lässt uns Marion Labinsky teilhaben an ihrem Blick auf die Welt und deren Widerspiegelungen im unmittelbaren Lebensumfeld.*

*In ihren Gedichten setzt sich die Autorin mit den zwei elementaren Themen unseres Daseins auseinander – der Liebe und dem Tod.*

*Aus den alltäglichen Begegnungen mit den Menschen und der Anteilnahme, dem Mitgefühl, an deren persönlichem Schicksal werden in verdichteter Form Einsichten in das Mensch-Sein schlechthin.*

*Zur Verfasstheit unserer Gesellschaft mit dem Verlust sozialer und religiöser Bindungen wird hier ein kritischer und zugleich hoffnungsvoller Gegenentwurf vermittelt, der geprägt ist von der Überzeugung eines mitfühlenden, harmonischen Zusammenlebens und der Einheit von Mensch und Schöpfung.*

*Dass bei aller Tiefe und Ernsthaftigkeit der Humor seinen Platz hat, entspricht ganz der Persönlichkeit von Marion Labinsky.*

*Die Verwendung des lokalen Dialekts schafft unmittelbare Nähe und Vertrautheit mit „an Hauch von Seele".*

*In langjähriger Verbundenheit gratuliere ich meiner ehemaligen Schülerin zu ihrem literarischen Talent und wünsche dem Buch die gebührende öffentliche Resonanz.*

*Dezember 2016     Hans Mosser*

*Einleitung*

*Hallo!*

*Es freut mich, dass Ihnen mein Gedichtband „zugefallen" ist! Vielleicht kam es scheinbar auf magische Weise oder durch einen lieben Menschen in Ihr Leben?*

*Die Menschen und ihr Sein sind es, die dieses Büchlein gestalten. Ich durfte über die Jahre viele besondere und kostbare Lebenssituationen kennen lernen und um diesen tiefen Berührungen Ausdruck zu geben, schreibe ich sie in Gedichten nieder, um sie für andere greifbar zu machen.*

*Sie werden sich vielleicht fragen:" Warum beginnt ein Buch mit dem Titel „A Hauch von Seele" mit einem auf den ersten Blick so traurigen Thema – nämlich dem Tod?" Nun ja, für mich liegt in allem Beginn erst das Geben und Vergehen, denn ein Samen muss sich geben, damit etwas Neues geboren werden kann. Deshalb erzähle ich erst über Begegnungen mit dem Tod, dem Schmerz, dem Verlust, den es braucht um zu wachsen und erst danach über die Freuden des Geboren-werdens.*

*Ich wünsche Ihnen viele Einblicke und Einsichten in den Lauf unseres Daseins. Viele Freuden-, Erinnerungs- und Trauertränen sollen beim Lesen Ihren Augen entrinnen um Sie für den Blick Ihres Lebens wieder klar sehen zu lassen.*

*Marion Labinsky, November 2016*

### In der Fülle des Lebens im Glauben des Seins

Erreichbar scheinbar in Leichtigkeit,
ist man erst von der begrenzenden Hülle befreit,
ist die Weite das Erste scheinbar im Gedanken,
frei von jeglicher Begrenzung und Schranken.
Hier ganz voller scheinbarer Leere,
wo Verbundenheit und man begehre
die Liebe, die hier alles regelt
und zusammenhält.
Es ist ein Platz fürwahr,
und keiner weiß recht wie ihm geschah,
ist man wie von Zauberhand,
wenn ich so denke, eigentlich allerhand,
hierher gebettet von unglaublicher Zärtlichkeit,
sanft, still und ruhig – man möchte meinen es schneit.
Alles scheint hier erreichbar zu sein,
alles ist eins, keiner allein,
doch jetzt spürt man keinen Ehrgeiz mehr,
es ist der Glaube im Sein – er kommt von irgendwo her.

### *Stille*

*Sei ruhig – hörst du die Stille?*
*Bestimm es jetzt – es sei dein Wille!*
*Doch wie vernimmst du's? Mit welchem Ohr*
*hörst du die Sprache, die ihr Wort verlor?*
*Sie spricht doch scheinbar nicht ein Wort,*
*du hörst und sitzt an einem Ort,*
*der sonst belebt und voll vom Ton,*
*aus Kraft von jedem, doch jetzt der Hohn,*
*denn niemand spricht, keine Kraft ist gegeben,*
*und doch lacht und erzählt er, dieser Ort, von seinem Leben!*
*Vom stillen Leben in der Kraft der Worte,*
*ein Durcheinander und eben die Sorte*
*lass sie in die Stille eintauchen,*
*lass jeden Ton von der Stille verbrauchen,*
*und siehe, was ist geblieben,*
*eine Stille ganz von Worten gemieden.*
*Jetzt ist es an der Zeit,*
*sie zu hören, und man hört sie weit*
*und vor allem ganz tief,*
*sie ist von allem der Inbegriff!*

## Allerheiligen/Allerseelen

Es ist immer der 1. Tag im November,
deshalb merkt man sich das nicht schwer,
es beginnt hiermit die ruhige Zeit,
sie ist dem Innekehren geweiht!

Die Uhren wurden zurückgestellt,
nun hat sich die Finsternis zu uns gesellt,
das soll aber nichts „Schlechtes" sein,
man soll mit seinen Gedanken allein

über das Jahr nachdenken und Revue passieren lassen,
Informationen, Erlebnisse, all diese Fülle und Massen.
Und am Anbeginn dieser Zeit stehen die Toten,
als Zeichen der Vergänglichkeit, als neue Zeit-Boten,

zum Erinnern an das kostbare Leben,
ein Leben, das uns von Gott gegeben,
zur Erfüllung unserer Pflicht,
für jeden hat sie ein anderes Gesicht!

*Ein jedes Kennenlernen hat sein Gewicht,*
*ein Unnütz – nein, das gibt es nicht!*
*Mit jedem, den wir unsere Wege kreuzen lassen,*
*der zeigt uns neue Straßen, neue Gassen,*

*unsere Route wird breit und reicher irgendwie,*
*zu diesem Grunde trafen wir sie!*
*Und um nun derer zu gedenken,*
*ihnen ein wenig Aufmerksamkeit zu schenken,*

*fängt die besinnliche Zeit mit Allerheiligen/Allerseelen an,*
*weil man darauf sonst vergessen kann!*

## *Allerseelen*

*Heute wird all jener gedacht,*
*die sich einst – es scheint – in Schwierigkeiten gebracht,*
*ihnen fehlte der Glaube – ihnen fehlte der Weg,*
*sie begaben sich auf Messers Schneide, nur ein schmaler Steg,*
*zwischen Menschlich- und Unmenschlichkeit,*
*und wohl wahr, niemand ist vor diesem Irrweg gefeit!*
*Niemals – nie - sollte man sein Herz verschließen,*
*jede Nächstenliebe, jede Geste annehmen und genießen,*
*den Gottesfunken tief im Herzen tragen,*
*die Liebe am Nächsten zeigen und bei Bedarf auch sagen!*
*Mitgefühl – noch ein wahrlich Wort,*
*gehört an jeden dafür bedürftigen Ort!*
*Verletzendes, Grobes gegen einen gerichtet,*
*wird, wenn beim zweiten Mal gesichtet,*
*eigentlich und dann scheinbar ganz klar,*
*ein verzweifeltes Hilfesuchen – fürwahr!*
*Also bleiben wir menschlich,*
*leben in und mit Mitgefühl hier und wirklich,*
*dann tragen wir die wärmende Göttlichkeit in die Welt,*
*mit ihr wird jegliches Dunkel erhellt,*
*dann muss nichts und niemand gefürchtet werden,*
*hier auf Erden!*

### Melancholie im Herbst zu Allerseelen

Es ziagt da Nebl eina ins Lond,
und jetz im Herbst, do is es wohl bekonnt,
dass des Gmiat schwer werd,
vielleicht a weil kana sich um an schert?
Oda weil da Nebl kan Durchblick zualosst,
jeda in sein Radl laft ohne Ruah, ohne Rost,
und jetz sich sölba vur Augn hot,
gach denkt ma – es is um an schon z'spot?
Oba niemols is es dos!
Es is gonz egal wos!
Fia olles gibt's wieda Sonnenstundn,
a wonn sie scheinboar hintam Horizont verschwundn,
sie kumman wieda von da ondan Seitn,
und werdn di auf dein Weg begleitn!

### Folln die Blätta im Herbst

Zerscht is es bunt und leichtend schen,
a jeda wüll die Blattln vom Bam fliagn sehn,
und wonn's donn so raschlt bei jedm Schriat,
donn merkt ma, des Lebm weard miad!
Jo, da Herbst des Lebms des is a "Joahreszeit",
die nit an jedn gfreit!
In kana ondan Zeit wie in diesa,
is es an gwissa,
dass es amol z'End geht,
dass jeda amol vurm Heilond steht,
dass es aus is, des wos ma kennan,
und jedn tuat's bei dem Gedonkn in die Augn brennan!
Den an, weil a sölba gehn weard,
weil sich kana um ihn scheart,
den ondan, weil a vüle zruck lossn weard,
fia monch an is des grod vakeart!
Da ane is erscht kurz auf da Wölt,
a long's Lebm hot ma sich fia ihn vurgstöllt,
und monch ana is schon gonz olt,
doch dass a der gehn weard, is wos, des nit jedn gfollt!
Monch ana, der konn's a nit dawoartn,
bis a gruafn weard in Gottes Goartn!

*Vaschiedn samma olle und doch gemma den gleichn Weg,*
*gach is es a brate Stroßn, oda nua a schmola Steg?!*
*Hin kumman tua ma on an gleichn Vat,*
*mia treffn uns olle gonz sicha duat!*
*Desholb hobt's ka Ongst, genießts des Kumman und des Gehn,*
*mia wearn uns olle späta wieda gegnüba stehn!*

### Ein Lebens-Traum

Das Leben – es ist nur ein Traum,
ein mit Gefühlen, Wünschen, Hoffnungen gefüllter Raum,
die Lebendigkeit aber – die macht es real,
ob jetzt schön oder hässlich ist völlig egal!

Denn der Blickwinkel bestimmt ob schön oder nicht,
alles hat dabei sein Gewicht!
Jeder Wunsch, jedes Tun hat seine Konsequenz,
jedes Widerfahren seine eigene Transparenz!

Doch tief und tiefer liegt der Sinn,
verborgen tief in einer Schatzkiste drin.
Das Schloss zu knacken scheint wohl schwer,
darum bemühen sich alle sehr!

Doch eigentlich ist die Kiste unversperrt,
obwohl der Schatz unermesslich viel wert.
Die Bürde des Schlosses von uns selbst auferlegt,
da wir durch unser Misstrauen geprägt.

*Den Schleier der Beschränkung hebt Liebe und Gottvertraun,
sind Felsen auf die wir baun.
Lassen wir die Wärme nur ins Herz,
gibt's keinen unüberwindbaren Schmerz!*

*Die Schatzkiste des Lebens – unser Traum,
alles fassbar ist darin kaum,
auch begreifbar scheint er nicht zu sein,
aber süß bis herb und leicht bis schwer wie ein guter Wein!*

### Deine Handlan

Vur fost 90 Joahr, do woarnd sie klan,
do host noch nit recht gwusst fia wos de Handlan san.
Entgegngstreckt host sie deina Mama,
als Baby schon in dein Pyjama.

Donn bist vül gschlofn – Zeit host ghobt,
host üba deine Handlan nochgedocht,
dass sie dos Wichtigste wearn in dein Lebm,
und dass sie deinem Talent a Gstolt wearnd gebm.

Des olles woar da noch nit kloar,
denn erscht amol – fürwoahr
tuast mit senan die Wölt begreifn,
üba olles mit senan drüba streifn.

Donn host die Funktion gecheckt,
und die nächste Neigier woar gweckt!
Fias Holtn sand sie a zum Brauchn,
später donn praktisch a fias Rauchn!

*Fias Werkzeig – wos dei Lebm,*
*egal wos ma dia zum Mochn hot gebm,*
*diese Handlan homm olles gmocht,*
*und hot ma da zuagschaut, du host dabei glocht.*

*Späta donn – host sie deina Kathi gebm,*
*hobts gheiratet und deswegn*
*host sie schon glei wieda zum Hin- und Aufholtn gebraucht,*
*weil do sand 4 Kindlan aufgetaucht.*

*De host donn a wieda begreifn probiert,*
*es woar vül dabei wos du nit host kapiert!*
*Weil kana hot da bis durthin gsogt,*
*und wonn ehrlich bist, hot des friah a kana gfrogt,*

*dass des Begreifn mit Handlan nua da Onfong woar,*
*und dass des Herz do mitredet – is jetza erscht kloar,*
*oba dass des so deroart tiaf einegeht,*
*und dass ma damit bold vur seine Grenzn steht,*

*des host wohl oft gspiat,*
*und es hot die vawiat.*
*Jetzt erscht, vül späta, homma gredet davon,*
*do host donn olles vastondn und groß woar dei Lohn.*

*Niama host gebraucht die Talente Kompf und Steifheit,*
*du host gmerkt, dass die dei Lebm trotzdem gfreit,*
*nua zoghoft host es ausprobiert,*
*und die Wärme dabei immer mehr gspiat.*

*Obwohl Kompf a supa taktisch woar,*
*im Kriag beim Übalebm, is e kloar,*
*hot doch a die Wärme gholfn späta,*
*beim Tod von Kathi, Hülde, Manfred, Otto und Peta.*

*Kompf und doch a Gottvatraun,*
*host gmerkt, aus diese Ziagl komma baun,*
*host a Haus gebaut damit und die Kronkheit übawundn,*
*und dabei a naies Talent und an Weg zu dia gfundn.*

*Nua a Schwochstöll hommt deine Handlan,*
*groß und stork sand sie gwurdn, doch de san*
*doch zu schwoch gwesn um am Lebm fest zu holtn,*
*sand ebm nua fia dos Lebm zum Gstoltn.*

*Deine Handlan, deine Werke,*
*deine Größe, deine Stärke,*
*dei Lochn, des Neckn,*
*wearma in Ehrn holten, nix davon vasteckn!*

## Ein Herz

Ein Herz entstammt wie alles aus nur einer Zelle,
und es hat ein „Menschenleben" lang nur eine Stelle!,
wo es wohnt und von wo es wirkt,
wo es Wünsche und Geheimnisse birgt!
Es gibt gar manchen Artenreichtum sei erwähnt,
und ein jedes Herz sich nach einem anderen sehnt!
Es gibt sie in groß und in klein,
und es gibt sie weich und hart wie Stein!
Gar manches hat ein großes Schloss,
weil sich eine Verletzung darüber ergoss!
Doch gibt es auch „immer" einen Schlüssel dafür,
er ist zu finden, mit nur ein wenig Gespür!
Und „wie" es schlägt, selbst wie es ihm geht,
sieht man an seiner Sprache, die ihn verrät!
Denn laut Chinesen trägt die Zunge das Herz,
und diese spricht über Glück, Segen und Schmerz!
So wichtig und auch offen ist es zu Lebzeiten,
um mit dem Mensch seinen Werdegang zu beschreiten!
Und ist es dann müde – legt es sich zur Ruh,
schließt es mit dem Menschen sein Lebensbuch zu!

### Hörst du die Melodie?

Hörst du die Melodie?
Frisch, jung, kraftvoll und wie
sie aus dem Munde hervorgebracht,
ans Aufhörn nicht im Traum gedacht!

Hörst du die Melodie?
Dein Liebster singt sie!
Sie schmeichelt und sie liebt,
solange es euch zwei gibt.

Hörst du die Melodie?
Sie beruhigt und tröstet und irgendwie,
klang sie schon aus deiner Mutter Mund,
hilft sie deshalb bei deinen Kindern, ist das der Grund?

Hörst du die Melodie?
Nach Trauer, nach Schwere klingt sie.
Liebe Menschen gingen voran,
du warst noch nicht dran.

*Hörst du die Melodie?*
*Ganz neu, ganz anders – solche hörtest du nie!*
*Es ist der Klang der Engel, sie heben dich empor,*
*eben als sich dein Leben verlor.*

*Hörst du die Melodie?*
*Aber 1000 Töne und Klänge spielte sie,*
*die Begleitung zu deinem Leben, zu dir,*
*hört hin, sie spielt sogar noch hier!*

## Der Herbst des Lebens

Der Herbst des Lebens lässt die Blätter falln,
die eben noch in bunten Farben erstrahln!
Die Farben geprägt von der Geschichte des Lebens,
wenngleich man meint, es gäbe darum kein Aufhebens,
doch diese Wegstrecke, diese Zeit,
erstreckt sich über ein Leben weit,
ist erfüllt von der ganzen Präsenz, von seinem Sein,
alles an und von ihm ist kostbar, egal wie klein
jede Geste, jedes Wort erscheinen mag,
was man wahrnahm in seiner Gegenwart so Tag für Tag.
Gefüllt ist davon die Erinnerung,
behalt sie dir, denn mit einem Schwung,
den der Herbstwind mit einem Mal aufbringt
und wie das Blatt vom Baume springt,
so ist sie um die gemeinsame Zeit,
und die Blätter fliegen in den Himmel weit.
Kopf hoch, schau nach oben,
lass den Herbstwind um dich toben!
Egal wie er sich müht und bläst,
auch wenn du es erst nicht verstehst,
aber dieses Leben, das auch dir das Leben gab,
lebt in dir weiter, legst du es auch ins Grab.

### Wie scheinbar unbegreiflich ist das Leben

Wie scheinbar unbegreiflich ist das Leben,
eben erst von Gott gegeben
führt es über Berge und durch tiefe Schluchten,
durch Wüsten und an manch ruhige Buchten.
Der Besuch an den Plätzen ist vielleicht nur unscheinbar,
doch jeder, den das Leben gebar,
schreibt seine Geschichte auf ganz persönliche Weise,
denn jeder hat auf Erden seine eigene Reise.
Und wie bei jeder Geschichte – kommt man zum Schluss,
der letzte Weg, auf den man nicht mehr zu Fuß weiter muss.
Jetzt wird man getragen, alles wird leicht,
wenn der Geist aus dem Körper weicht.
Zurück lässt er Angst, Schmerz und alles Leid,
denn das braucht man nicht in der Ewigkeit.
Jene aber, deren Geschichte noch voll im Gang,
denen aus Sorge jeden Tag angst und bang,
jene sollen jetzt trauern und ruhn,
es gibt für sie jetzt nichts mehr zu tun!
Und später, wenn Trauer und scheinbare Leere,
vielleicht auch Bitterkeit, Verzweiflung und Schwere,
mit den Tränen verflossen,
dann erinnert euch wie viel schöne Stunden ihr genossen,

*wieviel kostbare Tage – deren Erinnerung niemals vergeht, bis ihr einander wieder gegenüber steht!*

### *Tränen*

Tränen – ausdrucksvoll und kostbar,
ist man ihnen nur gewahr!
Kräftig wie ein Wasserfall,
dererlei viele wie ein Schwall,
scheinbar unaufhaltsam – stets im Fluss,
aus tiefster Verletzung – wie ein tröstender Kuss
kann dieses Fließen-lassen erscheinen,
bei Verzweiflung hilft es eben – einfach zu weinen!
Ich denk – nur so kann es erst ertragbar werden,
dieser Schmerz, das Nicht-Verstehen hier auf Erden!
Nicht immer ist es klar,
warum etwas so schrecklich war!
Aber wichtig ist – es ist egal,
warum sich jemand aus deinem Leben stahl,
das Kostbare ihn gekannt zu haben,
ist einer der wundervollsten Gaben,
die ein Mensch einem anderen geben kann!
Wenn's das nicht gäbe – was wäre dann?

### Der Hafer/Das Lebenskorn

Der Frühling, die Geburt, in ihm steckt jeder Anfang,
von jetzt an dauert's nicht mehr lang,
das Haferkorn hat die feuchte Erde berührt,
und die ersten warmen Sonnenstrahlen gespürt!

Es keimt und regt sich nach dem Licht,
bis es endlich durch die Erde bricht,
und siehe da wie es kräftig das Grün in sich trägt,
und weiter nach oben gegen die Sonne strebt!

Das ganze Pflänzchen wächst und gedeiht,
trotzt Wind und Wetter und schon ist es bereit,
aus seinem Innersten die Früchte zu schlagen,
um später die kostbaren Ähren zu tragen!

Der Sommer ist's, der lässt ihn in Gold erstrahlen,
man meint Gottes Hand würd diese Pflanze malen,
und noch mehr Wärme lässt ihn dann reifen,
dieser vorgegeben Plan – es ist nicht zu begreifen.

*Groß und stark, die Ehren schon schwer,*
*der Wind er schüttelt ihn hin und her,*
*er kann ihn nicht knicken, die Wurzeln stehn fest,*
*er hat ihn bestanden diesen Lebens-Test.*

*Reif ist er jetzt – der Herbst ist gekommen,*
*nun werden ihm die Ähren abgenommen,*
*die für die er gekämpft und gestanden,*
*all seine Energie war nur für sie vorhanden!*

*Das kostbare Korn durch Frühling, Sommer und Herbst gegangen,*
*hat seinen eigenen Weg begangen,*
*es nährt jetzt Mensch und Tier,*
*und vielleicht sehen wir es im nächsten Frühling als Pflanze wieder hier?*

*Für die alte Pflanze aber ist der Winter angebrochen,*
*die Energie ist ins Innere zurück gekrochen,*
*in die Wurzeln, die stehen noch am Feld,*
*kaum einer denkt noch an den Held!*

*Das Stroh, das erinnert noch an Wintertagen,*
*an das Pflänzchen und es bereitet Wohlbehagen,*
*vielleicht sogar als Bettchen dient,*
*für ein frisch geborenes Tier – wenn wieder Leben beginnt!*

*Der Schnee aber deckt die Felder zu,*
*es ist kalt, es gefriert und im Nu,*
*ist auch von der Wurzel nichts mehr geblieben,*
*diesmal hat es sie weggetrieben!*

*Seinen Plan hat er erfüllt auf Erden,*
*er durfte Sohn, Bruder, Ehemann, Vater bis Urgroßvater werden,*
*stand fest im Wind, trug Ähren – das Korn,*
*doch jetzt hat er sein Leben an die Ewigkeit verlorn!*

*83 Jahre des Schaffens gingen so zu Ende,*
*und er schloss seine arbeitenden Hände.*
*Sein Sein aber brachte wundervolle kräftige Pflanzen hervor,*
*seine Familie, jeder mit seiner Stimme – stehen zusammen im Chor!*

## *Unscheinbar*

*Wie kostbar is doch ein Leben,*
*denn jedes is von Gott gegeben!*
*Eine Aufgabe gibt's mit auf die Reise,*
*jeder erfüllt sie auf seine besondere Weise!*
*Ein jeder hat seinen Platz hier wie dort,*
*und man achtet ihn und ist er erst fort,*
*dann bemerkt man egal wie unscheinbar*
*er mit seiner Anwesenheit in diesem Leben war!*

### Der Todesengel

Wieder ist er vorbei gekommen,
der Todesengel, und hat einen mitgenommen,
einen Menschen, der gerade noch da,
liebevoll gesprochen und Teil deines Lebens war!

Viele Jahrzehnte gab's EUCH, ein langes Lebensstück,
wertvoll, kostbar, schaut man in der Zeit zurück,
zwei Kindern schenktet ihr das Leben,
und habt euch einander Halt gegeben!

Firmentechnisch und privat,
war euch sicherlich nicht fad!
Ich hoffe, ihr habt auch an eure Liebe gedacht,
auch zwischen Zanken Zeit genommen und gelacht!

Wenn nicht, oder zu wenig, dann setz dich jetzt hin,
ich weiß, 1000 Geschichten kommen dir in den Sinn,
schmerzvolle und liebevolle werden es sein,
manches vielleicht vertraut, gut, manches vielleicht gemein!

*Kostbar ist eure gemeinsame Zeit,*
*der gegangene Weg recht weit.*
*Ich möchte dir hiermit mein Mitgefühl bekunden,*
*in diesen manchmal auch schweren Stunden!*

### *Einzigartig*

Eine dir über so viele Jahre vertraute Person,
herzlich, gütig und ihr schönster Lohn
war ihre Kinder lachen zu sehen,
und wie sie mit beiden Beinen im Leben stehen!

So ein wundervoller Mensch ist nun nicht mehr greifbar,
doch in deinem tiefsten Inneren sei dir gewahr,
du bist mit ihr auf einzigartige Weise verbunden,
und in den kommenden vielleicht auch schweren Stunden,

da wird sie, sei nur aufmerksam,
in deiner Gegenwart sein, denn es wird warm
um dein Herz, weil sie es berührt,
und nur du wirst es sein, die es spürt!

So einzigartig wie eine Mutter nur sein kann,
wirst du sie sehn in Dingen, an Orten, in Sprüchen und dann
ist es wieder Zeit an sie zu denken,
durch Innehalten wird sie dir noch Zeit mit ihr schenken!

*Nimm dir diese Zeit, wann immer du sie brauchst,*
*vielleicht wenn du auf gemeinsame Fotos schaust?*
*Doch sie auch sein lassen gönne dir,*
*sie ist sowieso immer hier!*

### „Kumman is die Zeit"

Kumman is die Zeit,
de nit an jedn gfreit,
weil jetz is wieda ana furt,
on dem besogt besondren Urt!

Kumman is die Zeit,
und jetz von jeglichm Schmerz befreit,
weil des Trogn niama is,
jetz hot ma's leichta – des is gwiss!

Kumman is die Zeit,
wo er nit ruaft – nit schreit,
da Tod – weil ma nit hurchn wüll,
jetz is stüll!

Kumman is die Zeit,
und des woar friah so wie heit,
wonn ana mit geht mitn Tod,
a brennandes Liachtle ihm den Weg varrot!

*Kumman is die Zeit,*
*die Einsicht – jetz erscht samma gscheit,*
*weil jetz gibt's ka Ongst nit mehr,*
*da Holt, des Beschützende kummt von durt her!*

*Kumman is die Zeit,*
*a jeda von uns is Gott geweiht,*
*nit nua der geht, der is guat aufghobm,*
*a de de zruck bleibm – auf de weard gschaut von obm!*

## *Danke*

*Stille, Ruhe, Zufriedenheit ist eingekehrt,*
*was früher wichtig, hat jetzt anderen Stellenwert.*
*Funktionen, Namen sind einerlei,*
*jetzt bist erlöster Mensch, bist von allem frei!*
*Wie von Gott einst gekommen,*
*91 Jahre Dienste und Pflichten übernommen,*
*hast eine Spur/einen Weg deinem Leben gegeben,*
*es gab Ängste, Wünsche, Hoffnungen, es gab Streben,*
*deinen Weg nicht aus den Augen zu verlieren,*
*dabei gab's Sicherheiten, aber auch das Irren!*
*Schafftest Leben und Wirklichkeit aus deinem Tun,*
*alles keimte, reifte, wuchs und nun,*
*da du den letzten Weg eingeschlagen,*
*sieht man es und muss wohl auch sagen:*
*Niemals werden Gedanken an dich erlischen,*
*wird man wohl so einige dabei erwischen*
*wie sie mit Schmunzeln und auch zu tiefst aus Respekt,*
*sich erinnern und wussten, was in dir steckt!*
*Deine Talente, dein Wissen werden weiter leben,*
*die hast du deinen Nachkommen mitgegeben,*
*und so wohl wird dein Weg auch noch weitergehen,*
*vielen Dank für alles – bis auf ein späteres Wiedersehen!*

## A Herz

A Herz is a Organ,
des oarbeitet gonz von allan.
Schon am 22. Tog als Embryo,
do fongt des schon zum Schlogn o!

Donn kummt des Puzale auf die Wölt,
und zum Lebm sand die Weichn gstöllt.
Denan Öltan hupft des Herz vur Freid,
es is a schene Zeit!

Des Kindle wochst donn so heron,
ols a fescha Bursch – schon fost a Monn,
donn weard des Herzal wieda schnöll,
weil er sei Diandle gsegn – göll!

Die Liab, de tuat dem Herzal guat,
schlogt fest und gibt dem Biable Muat,
das er zu seina Liabstn spricht,
und beide hommt a glicklichs Gsicht!

*Nit long drauf, ma konn's kaum glabm,*
*wearnd de zwa schon eigane Puzalan hobm!*
*Die Herzalan hupfn wieda vur Freid,*
*a schene Zeit!*

*Die Herzalan hobm a noch ondare Zeitn,*
*do zagn sie sich von da nervösn oda gschrecktn Seitn,*
*sand miad, traurig oda gedonknvasunkn,*
*oda anfoch auf olles ongstunkn!*

*Oba die Herzalan schlongn – jedes in sein Takt,*
*a jedes seine Oarbeit packt.*
*Noch imma gehn sie den Weg gemeinsom,*
*weil sie anonda homm!*

*Donn kummt die Zeit, wo ana geht,*
*wo's niama schlogt – wo es steht!*
*Es hot sei Lebmswerk vollbrocht,*
*und sich donn auf die Reise gmocht!*

*Dem ondan Herzal is wohl schwear,*
*zomman schlogn kennan's niama mehr.*
*Es brennt in ihm und es sticht,*
*es hot schon Ongst, dass es gach zabricht!*

*Doch donn kummt a Gedonke von irgendwo hear,*
*an des Herzale – und es is schwear.*
*Oba donn weard's ruhiga und woarm,*
*weil die Liab is jo nit valorn!*

*Jetz wocht des Herzal ols a Engal üba dein Schlog,*
*du gspiast genau – wos es dia sog,*
*„Brauchst ka Ongst nit hobm, valia nit den Muat,*
*i pass auf auf di – es weard schon wieda guat!"*

### *Wenn ein Freund geht*

*Die Welt, sie scheint gar riesengroß,*
*eingebettet in Mutter-Erde's Schoß,*
*scheinbar nichts kann hier geschehn,*
*nichts „Schreckliches" ist hier zu sehn!*

*Doch von außen, sieht man hin,*
*ist Bewegung in diesem Schoße drin.*
*Es ist ein Drehen, es ist ein Kreisen,*
*es ist uns ein Richtung-Weisen!*

*In diesem Schoß hat jeder von uns einen Weg,*
*mal breit, mal nur ein kleiner Steg,*
*jeder hat seinen Seelenplan,*
*und irgendwann*

*gehört es auch dazu,*
*sich nicht mehr mitzudrehen, man kommt zur Ruh.*
*Sein Seelenbuch zeigt die letzte Seite,*
*und der Geist zieht ins Ferne, in die Weite!*

*Kein anderer versteht warum*
*nur diese Seele und darum*
*müssen wir anderen sie ziehen lassen,*
*ihre Reise geht weiter auf anderen Straßen!*

*Derweil ist es noch an uns uns weiter zu drehn,*
*und versuchen unseren Seelenplan zu verstehn.*
*Jeder in seinem Tempo und zu seiner Zeit,*
*bis sich auch sein Leben an die letzte Seite reiht.*

## Kommen und Gehen

Das Kommen und Gehen,
wird von vielen als traurig und furchtsam gesehen,
doch dieses Kommen und Gehen gibt's auf vielerlei Weise,
und eigentlich beschreibt es immer eine Reise!
Es ist vielleicht die Reise auf die Welt,
in eine Familie, die einem gefällt!
Es ist aber vielleicht die Reise in ein fremdes Land,
wo alles neu und niemand bekannt!
Oder aber die Reise, die Gewohnheit, die jeden Tag,
einen zu den Lieben führt, die man so mag!
Dann gibt's die Reise zu einem selbst hin,
sie kann beschwerlich oder leicht sein, wobei ich mir nicht sicher bin!
Die letzte Reise aber ist vollendet mit dem letzten Gehen,
warum gerade jetzt und hier, das müssen wir nicht verstehen!
Der Unterschied vom ersten Kommen und letzten Gehen,
wird von den Betroffenen folgend gesehen:
Bei der Geburt werden von dir als Baby viele Tränen vergossen,
alle um dich sind fröhlich und haben dich in ihr Herz geschlossen!
Beim Tode aber wird von allen um dich geweint,
nur du bist es, der lächelt und es gut mit allen meint!

## Was ist das Leben?

Wie ist der Mensch, wie verschieden?
Der eine ruhig bedacht, der andere getrieben.
Vielleicht tiefgründig und voller Neugier,
oder nachdenklich: " Was machen wir alle hier?"

Es ist so kostbar hierher zu kommen,
nicht nur „einfach" so zu leben, vielleicht hat man's vernommen,
was immer wieder zwischen den Tagen des Lebens steht,
und wie es mit dem Leben täglich vergeht.

Wie Beziehungen scheinbar von Geisterhand
und Geschehnisse Menschen miteinander verband,
wie speziell und doch gemeinsam verwoben,
sich alles in andere Sphären erhoben.

Unbegreiflich groß ist unser Leben,
welches uns hier auf Erden gegeben,
so viel Verborgenes und doch reichhaltig an Erkenntnis,
behütet sind wir trotz allem – das ist gewiss!

## Da olte Baua

A Baua legt sich zur letztn Ruah,
denn gorbeitet hot er sei Lebm long gnua!
Hot im Rhythmus da Zeit sei Werk vollbrocht,
hot gschoffn, gfeiat, gschimpft und glocht.
Üba die Joahr und die schoffende Zeit,
gibt's donn a wos, wos an nit so gfreit,
es is des „Olt-Werdn",
weil do heifn sich die Beschwerdn.
Die Knochn, die Uhrn, die Augn, olles weard miad,
und es konn schon sein, dass ma die Freid valiert,
weil ma siegt und schaut auf amol nua meahr
in sich sölba eine und merkt wie schwear
es doch sein konn mit sich allan,
wievül von sein Lebm Akentnisse bleibm und noch Frogn do san!
S'is nit imma leicht auf dera Wölt,
oba es gibt ka Einbohn, die Weichn sand gstöllt,
desholb hotta a sei Liab gfundn, und sie ihn,
und jetzt is er zu ihra hin,
weil sie is ihm vuraus gongan,
und länga woartn, des konn ma nit valongan!

## *Kostbar*

Ein kostbarer geachteter Mensch scheidet aus unserer Mitte,
kann niemals ersetzt werden durch Dritte!
Dieser Platz ist nun scheinbar leer,
und um die Herzen wird es schwer.
Doch schaut nur auf den Platz dort hin,
was für Kostbarkeiten stecken dort drin?
Vieles hat er hier gelassen,
für jeden Tag im Jahr über die Maßen
gibt es Erinnerungen, Anekdoten, Geschichten,
noch über die Jahre werden Menschen davon berichten.
Er lebt nicht nur in seinen Nachkommen weiter,
sondern man sieht ihn in jedem seiner Wegbegleiter.
War die Begegnung noch so unscheinbar,
ein Eindruck wurde doch gewahr!

### Da Wind da Zeit

Da Wind des is a Gsöll,
amol kummta zoghoft, amol schnöll,
amol blosta konnst ka Luft mehr kriagn,
ma siegt wie sich die Bama biagn,
oba gach amol isa gonz sonft und zoart,
dass ma in Wohlgefühl vahoart.
Und so vülschichtig wie sei Wesn,
so isa a in <u>jenem</u> Lebm gwesn.
Jenes Lebm des jetzt ausgehaucht,
fia den es jetz kan Schnaufa braucht.
Sei gonzes Lebm woar da Wind da Zeit on seina Seitn,
der hot's gwusst und schon gspiat von da Weitn,
wonn's on da Zeit woar mit Kroft zu wirkn oder mit Zärtlichkeit,
wonn's um Schenes gongan is oder um Leid.
In da Nocht auf Somstog hotta sich den Wind da Zeit zu eign gmocht,
weil der hot ihm zuar ewign Ruah gebrocht!

## Abendrot

Kennst du die Geschichte vom Abendrot,
wie wundervoll sich sein Anblick bot,
doch bevor die Augen ihn sehn,
muss man vom Morgengraun weg vorwärts gehn,
die Sonne von Anbeginn im Gesicht,
und wie sie nur kurz durch Wolken einem von der Seite wich?
Es erstreckt sich die nun begonnene Zeit,
ein Leben weit.
Müde wird man und man spürt die Stund,
vielleicht ist auch die vorgerückte Lebenszeit der Grund,
die einem vom Abendrot erzählt,
und das man sich nach ihm sehnt?
Um mit ihm den Schritt zu wagen,
den Schritt fern ab von Ängsten, Not und Plagen,
hinüber, keiner weiß Genaueres zu berichten,
aber von Liebe, Glück und Frieden gibt's Geschichten.
Von jedem wird dieser Weg beschritten,
und dass es der rechte Weg ist – bleibt unbestritten!

### *Das letzte Wort*

*Wann ist es gesagt, das letzte Wort?*
*Zu welcher Person und an welchem Ort?*
*Von tiefstem Herzen wird dieses Wort gegeben,*
*eben wenn man sich das letzte Mal trifft im Leben!*
*Es wird nicht zwingend über Lippen geführt,*
*es ist das Wort, das man von Herz zu Herz spürt.*
*Vielleicht bringt ein Blick, eine Geste das Wort hervor,*
*weil sich der Ton des Wortes verlor?*
*Deshalb ist jede Begegnung, egal wie scheinbar flüchtig,*
*unendlich kostbar und wichtig!*
*Denn wer von uns weiß schon um den letzten Tag,*
*um den letzten Herzensschlag*
*der getan wird, der es beendet das Leben?*
*Danach wird es kein Wort mehr geben!*

## Elias

Die Augen auf, da ist die Welt!
Hast du sie dir so vorgestellt?
Deine strahlenden Blicke scheinen
alles zu verinnerlichen, zu vereinen.
Du siehst das Ganze in allem was ist,
so sorglos und behütet wie du bist,
so unschuldig, so wissend, so tief dein Grund,
schon von Anbeginn deiner ersten Lebensstund!
Noch gezügelte Neugier lässt es dich ruhig angehn,
wenn du dann mal losgelassen, werden die Andern schon sehn!
Nicht nur Mama und Papa werden nach dir laufen,
Omas und Opas wirst du nach der Reihe einkaufen!
Du bist ein Glückspilz hier auf Erden an genau diesem Platz,
du wirst geliebt, gehalten, bist aller Schatz!
Behalt dir dieses Gefühl ein Leben lang, halt es fest,
auf dass dich niemals das Glück, die Liebe, die Gesundheit verlässt!

## Maximilian

Ein großes dickes Lebensbuch mit kostbarstem Einband,
ist das Erste das ich mit deinem Namen verband.
Aber 1000 Seiten gibt es darin,
worin ich mir aber nicht sicher bin,
aus wie vielen Mixturen wird es sich erschließen,
Liebe, Leidenschaft, Glück, Erfolg und Hoffnung so denk ich mit ruhigem Gewissen,
wird in jedem Kapitel präsent sein,
ein bisserl mystisch oder auch spitzbübisch wäre auch fein!
In wunderschönen dunkelblauen Buchstaben,
die die Farbe des Meeres haben,
wird mit Tusche und Feder in jeder Sekunde,
von deinem Leben erzählt und grad in der Stunde
um 10.34 Uhr im Juli 2016,
da durften dich deine Eltern das erste Mal sehn.
Und nicht nur ihr, sondern auch dein Blick war erfüllt,
von ganzer Liebe, die euch bleibend einhüllt!
Diese Innigkeit zu einander soll euch ewig bleiben,
soll, wenn kommend, jegliche Wolken vertreiben.
Dir wünsch ich mit deinen Eltern hier auf dieser Welt,
dass sich nur Gutes bei Euch einstellt.

### *Constantin*

*Wir waren am Montag wohl alle sehr erschrocken,*
*denn diese Neuigkeit war ein Brocken,*
*von der Nachricht der Schwangerschaft ganz untangiert,*
*dass da jemand Vater wird!*

*Doch trotz diesem verwerflichen Verrat,*
*sind wir nett und geben Rat,*
*was es mit „Puzalan" so auf sich hat,*
*wie läuft's reibungslos und glatt!*

*Zum Ersten muss man sagen,*
*zu so einem Baby gibt's wohl 1000 Fragen!*
*Die wichtigsten Antworten also hier,*
*so glauben wir:*

*Ein Baby schreit ganz unbeirrt,*
*nicht nur wenn es hungrig wird!*
*Der Papa meint, er wäre aus dem Schneider*
*und gibt es an die Brust der Mutter weiter!*

Nein – es schreit auch ist die Windel voll,
das riecht dann streng – ist nicht so toll.
Jetzt setzt man auf Papa's Schnelligkeit,
der die Umgebung ruck zuck vom Geruch befreit!

Wenn das Weinen aber kläglich klingt,
kann sein, weil der Papa ein Schlaflied singt,
oder aber das Bäuchlein rebelliert,
dann hilft massieren bis es besser wird!

Wird aber Herz zerreißend geweint,
man bietet ein „Zutzi" an, weil man es gut meint,
und trotzdem stellt sich Zufriedenheit nicht ein,
wird wohl kuscheln an der Reihe sein!!!

Wie man sieht gilt es auf viele Sachen zu achten,
sollte man nach dem Wohlergehen des Kleinen trachten,
doch keine Angst, man kann auch ohne Worte verstehn,
denn ein Elternherz kann nicht nur schlagen, sondern auch hören und sehn!!!

## *Flora*

*Oooooh – so müde, es ist geschafft,*
*so auf die Welt zu kommen kostet Kraft.*
*Gerade noch so behütet und warm,*
*ich hörte Mama's Stimme, Magen und Darm!*

*Alles das war 9 Monate so vertraut,*
*doch dann hat was nicht hingehaut!*
*Schwupsdiwups ging's und auf einmal,*
*wurde es kalt – ich hatte keine Wahl!*

*Das Licht so grell und stellt euch vor,*
*als ich meine Vollpensionsleitung verlor,*
*dachte ich schon es ist aus mit mir,*
*ich bin doch schließlich erst kurz auf Erden hier!*

*Doch dann war Mama's Stimme wieder da,*
*und man glaubt nicht was dann geschah!*
*Es wurde warm rundum und im Herz,*
*ich wurde geknuddelt und vergessen war der Schmerz!*

*Ich werde geliebt, behütet, verwöhnt,*
*ich glaub manchmal wird auch ein bisserl gestöhnt!*
*Aber schließlich sollen doch alle merken,*
*dass ich da bin und ihre Nerven für später stärken!*

*Denn jetzt, da bin ich noch klein,*
*da sollen Mami und Papi eingekauft sein!*
*Damit wenn ich dann größer bin,*
*unartig sein darf – weil mein Sitz ist in ihren Herzen drin!*

## *Mona*

Bist als Pünktchen in Mama's Schoß gekommen,
mittlerweile hast du schon schön zugenommen,
auch gewachsen bist du
und wegen deiner Stimme hört man dir zu!
Du wirst sehen, alles verändert sich jeden Tag,
es gibt Lustiges und Dinge, die man nicht mag,
es kann herzlich warm und kuschelig sein,
manchmal ist's kalt und man fühlt sich allein!
Das Alleinsein-Gefühl lass erst gar nicht aufkommen,
schimpf – schrei – weine – dann wirst du gleich aufgenommen!
Hol dir Wärme – drück dich heran,
bei deinem Anblick keiner das Kuscheln verwehren kann!
Du bist wohl umsorgt, es wird über dich gewacht,
von Schwester und Eltern bei Tag und bei Nacht!
Also auf in dein Leben,
beschützt seiest du auf all deinen Wegen,
aus der Familie schöpfe Kraft,
wie der Baum aus den Wurzeln seinen Lebenssaft!

### **Simeon**

Wieder ein besonderer Tag,
ein Datum, an das man zurück denken mag.
Es brachte ein Geschenk – ein kleines Leben,
ein weiterer Keim von euch gefüllt mit Segen!

Aus Liebe zueinander geboren,
wie ihr es euch einst geschworen,
mit Herzenswärme bestickt,
wenn man in eure Augen blickt!

Ganz besonders ist er – der kleine Mann,
und nicht alleine wie man sehen kann,
zwei Brüder wohl schon neugierig und doch scheu,
sie werden dich beschützen – sind dir treu!

Euch allen eine wunderbare Zeit,
fernab sind Zank und Streit,
wohlig wärmende Liebe soll euch umgeben,
und ein langes gesundes glückliches Zusammenleben!

### Felix

Endlich bist du da,
was doch schon alles um dich geschah,
während du träumtest in Mutter's Schoß,
bei Sorge um dich so manche Träne schon floss!

Doch jetzt soll es nur noch Freudentränen geben,
spannend und glücklich soll es werden in deinem Leben!
Alles sollst du ausprobieren,
für gar nichts brauchst du dich genieren!

Liebe Eltern – euch beiden,
eine Menge Nerven – nicht bescheiden,
jetzt geht's los – das „Eltern-sein",
Geduld, Toleranz, bitte nicht gleich schrein!

Es wird so wunderbar, wie ihr es euch nie gedacht,
mit eurem Engel, den ihr am 14. Mai zur Welt gebracht.
Er baut auf euch, ihr ward seine Wahl,
grandios, wie er sich in eure Herzen stahl!

*Keine Tür soll's mehr aus euren Herzen geben,*
*liebt einander euer ganzes Leben,*
*seid für einander da – habt Vertrauen und Respekt,*
*wenn euer Küken dann den Kopf aus dem Nest streckt!*

### *Laura*

*Begonnen hat's als Samenkorn,*
*wie scheinbar hat es sich verlorn,*
*doch nur um in Stille dann zu reifen,*
*und das Leben zu ergreifen!*

*Zuerst versteckt und unscheinbar,*
*genügsam noch ihr Leben war,*
*behütet und kuschelig in der Mutter-Schoß,*
*sie all-inclusive sehr genoss!*

*Gegen Ende dieser Zeit,*
*der Mietvertragsablauf nicht mehr weit,*
*dachte sie mit wenig List,*
*ob Vertragsverlängerung wohl möglich ist?*

*Klopfte man freundlich an die Tür,*
*rief sie nur: Ist keiner hier!!!*
*Und versprach man ihr tolle Sachen,*
*wollte sie sich keinen Reim darauf machen,*

*dass es an der Zeit nun war,*
*damit die Mutter sie gebar,*
*denn der wohlbehütete Raum,*
*reichte für länger ja wohl kaum!*

*Am 22. März, der Auszug fiel wohl schwer,*
*Zurückkommen gab es dann nicht mehr!*
*Schnell noch alle Eindrücke wahrgenommen*
*und Abschied dann genommen.*

*Was sie sich aber nicht gedacht,*
*dass das Leben jetzt viel mehr Spaß macht,*
*mit Mama und Papa in der neuen WG,*
*denn da – da läuft der Baby-Schmäh!!!*

### *Liebe Eltern*

*Man plant, hat Zeit und keine Eile,*
*9 Monate sind eine ganze Weile,*
*doch sieht man wie schnell der Bauchumfang wächst,*
*glaubt man gar – es ist verhext!*

*Man liest Bücher, man hat sich informiert,*
*doch wie's dann wirklich wird –*
*kann keiner sagen – weiß niemand Bescheid,*
*nur keine Angst – einfach machen – das is gscheit!*

*Jetzt habt ihr eine kleine süße Dame,*
*Laura – ja das ist ihr Name,*
*dieser steht für große Ehr,*
*für Ruhm, Sieg, Friede und noch mehr.*

*Steht symbolisch für Vollkommenheit,*
*für Unsterblich- und Beständigkeit!*
*Ein wahres Aufgebot habt ihr der Kleinen so mitgegeben,*
*um sich zu entfalten in ihrem Leben.*

*Von uns nun gute Wünsche um Gesundheit und Glück,*
*vielleicht lässt Ihr uns teilhaben ein kleines Stück,*
*wie die Reise vom Baby zur Frau sich gestaltet*
*und wie sie mit euren Nerven haushaltet!*

## *Emily*

*Aus zwei Herzen, die ganz fest verbunden,*
*bist du Emily, kleines Wesen, entsprungen,*
*vereinte Liebe, die so voller Kraft,*
*hat dich vollkommen und einzigartig hervorgebracht.*

*Ich möchte dir damit sagen,*
*du sollst diese Liebe ewig in deinem Herzen tragen,*
*sie hilft gegen jeglichen Schmerz,*
*damit es niemals bricht – dein kleines Herz!*

*Natürlich liegt es auch an dir,*
*deine Eltern-Liebe zu prüfen und hier*
*darfst du dich der „Quälgeist-Kiste" bedienen,*
*du kannst damit jederzeit beginnen!*

*Doch so wohl und zufrieden wie du erscheinst,*
*bestimmt nur aus triftigen Gründen weinst,*
*und wie du dich an deiner Mama-Herz schmiegst,*
*du dich wohl in Sicherheit wiegst!*

*Du wurdest natürlich mit einem Schutzengel bedacht,*
*der über dich wacht – Tag und Nacht.*

## Attila

Es war eine ereignisvolle Nacht,
ein Geschenk das euch ward gebracht.
Ein Schatz so wertvoll, so kostbar,
eine kleine Seele – einzigartig – fürwahr!
Er ist makellos, sieht man ihn an,
die Augen von ihm nicht nehmen kann.
Er hat Charisma riesengroß,
die Stimme kraftvoll – doch bloß
vergesst nicht, er ist zart und klein,
seine Seele unschuldig und rein,
verletzlich ist er, seid auf der Hut,
ihr macht es schon richtig – habt nur Mut!
Ihr seid es, auf die er zählt,
denn euch zwei hat er ausgewählt!
Ist es nicht gigantisch was Liebe schafft,
aus Frauen- und aus Mannessaft!
Ich wünsche euch zu diesem Glück
Gesundheit und zwar ein riesen Stück,
auf ewig soll zwischen euch drei Liebe weilen,
denn sie kann wirklich alles heilen!

## Geburtstag/Weihnachten

Wie jedes Jahr im Dezember auf Erden,
wird es auch heuer wieder Weihnachten werden.
Doch hat Jesus Christus an all das gedacht,
was Jahrhunderte später aus seinem Geburtstag gemacht?
Der Sinn dieser Zeit, gleich nach der Sonnwende,
steht für Anfang und nicht für das Ende!
Es ist Winter – gerade jetzt kehrt man ein,
man soll bei sich zu Hause sein!
Jetzt findet man in sich selbst den Schein,
er leuchtet bei jedem sehr hell und rein.
Ihr wisst schon – wie der Stern über dem Stall in Betlehem,
den man als erstes Zeichen gesehn.
Und dass das Weihnachtsfest was Besonderes ist,
weil es für Liebe steht, wie ihr wisst!
Schenken wir Wärme und Geborgenheit,
denn das brauchen wir besonders in dieser Zeit!
Seien wir wie ein großer Christbaum,
tragen Jesus im Herzen und kaum
mehr ein Platz an diesem Baum wird unbeleuchtet sein,
aus unseren Herzen strahlt Gottes-Liebe und Schein!

## Weihnochtn

Leise – "bscht" – gonz leise miaß ma sein,
obwohl mia uns so derort gfrein!
Die heilige Nocht – finsta – und do da hölle Schein,
leise – "bscht" – leise miaß ma sein!

Hurchn – "bscht" – hurchn miaß ma jetz,
vurbei sand heite Plog und Hetz.
A Ruah, a Friede strömt ins Haus,
hurchn tuam Kind, Kotz und Maus!

Singan – "ach" – jo singan tua ma olle,
mit zomt die Flockn von da Frau Holle,
jo Liada die Wärme eine bringan,
singan – "ach" – jo olle singan!

Liabm – "ach" – liabm tua ma heit,
von Herzn liabm, des mocht Freid,
vagessn weard heit auf kan,
weil ma olle Gottes Kinda san!

## Weihnochtsobmd daham

Leer weard's gmocht des letzte Adventkalendafensta,
und wer sollt die Schokolade kriagn – des is jetz schwea?
Oba heite – do weard nit gezonkt,
do weard geteilt und sich bedonkt!

Weil taktisch sollt ma brav heit sein,
schließlich tuat ma uns schon auf die Gschenke gfrein,
und um a Risiko zu vameidn,
tua ma heit schen oartig bleibm!

Des oarme klane Christkindle,
i man es echt – gonz ohne Schmeh,
bringt die schenan großen Pakl her,
zum wieda Mitnehman sand de vül zu schwer!

Zuvül Stundn hot diesa Tog,
wo ma nua woartet – so a Plog,
a jeda tuat's heit ausprobiern,
an zum Schlimm-sein provoziern!

Wonn ma des Risiko bedenkt,
und man dem Christkind Uhrnschütza schenkt,
kannt ma a klanes bissal unoartig sein,
es tät nit olles hearn – des war fein!

Oblenkn hast jetz die Devise,
doch die Mama kriagt die Krise,
bock i mei Flötn aus und spül,
doch die Töne kumman nit so wie i wüll!

Des is mei Chance – die Erpressung laft,
jetz hob i die Mama eingekaft,
weil Stille Nacht – des kannt sich ziagn,
und so komma ols erschtes Kekse kriagn!

Da Nochmittog – noch imma fad,
die Zeit bis obmds noch so brad,
do kummt die rettende Idee,
reichan gehn – juchee!!!

Dos Pfandl und da Weihrauch wearnd glei ausgepockt,
i mit da Gluat – da Papa gonz geschockt,
weil rauchn tuat nit nua die Gluat,
a des Musta vom Teppich is jetz fuat!

*Schod – des Rauchn des woar lustig,*
*da Teppich is jetz holt a bissl krustig,*
*oba dafia spült die Oma jetz mit mia,*
*und von ihr kriag i gach a Schluckale Bier!*

*Endlich is Obmd, diese Nervosität,*
*des Christkind kummt holt ollweil so spät,*
*und damit es gonz sicha in die Stubm eina find,*
*den Bam siegt und die Krippm mitn Jesuskind*

*homma mitn Opa a Liachtle ongmocht,*
*und i hob mi hingsetzt und brav drauf geocht!*
*Die Äuglan sand ma zuagfolln dabei,*
*oba na, i bin eh munta – glei glei!*

*Des Gleckale – i hob's Gleckale gheart!*
*Auf bin i – ums Liachtle mi niama gscheart!*
*Zuabe zum Bam – die Gschenke obgezöllt,*
*und do hob i sofurt festgstöllt*

*a des Christkindl hot haia a Gschenk kriagt,*
*es woar meine Idee und es hot gwirkt!*
*No – die Uhrnschütza man i – a so a Glick,*
*weil i woar a bissl unoartig – i bin holt a Strick!*

### Heilig Obmd – Geburt vom Kind

Heilig Obmd und olles is gsponnt,
wie's Kindle so liegt im Stroh in sein Gwond,
so klan und trogt doch schon so vül,
ob es sich sicha is, dass es des wüll?

Olle woartn auf den Alösa,
jetz is a erscht 50 cm – oda a bissale größa.
Waß denn der, wos uns so bedrückt?
Wos uns bestärkt oda goar beglückt?

Die Awoatungan sand wohl sehr hoch,
jeda tramt schon vom Alösn – doch
es is jo „nua" do damit ma siegt,
dass ma auf „sei" innares Kind amol eineblickt!

A jedes Kindle – gonz egal von woher,
schaut ma es on berührt unsa Herz und mehr,
jo mehr zualossn tua ma in unsan eiganan Sinn.
I konn nua sogn, je mehr mia zualossn desto höha da Gewinn!

*Es is gonz egal von wölchem Friedn die Red,*
*um inne zu holtn is es nie zu spät,*
*wonns dafia a Christkindle brauch,*
*passt des auch!*

### *Weihnocht is – a fia di!*

Des Schene on Weihnochtn is fia mi,
des Kindaherz drinnan in jedn, weil irgendwie
diese Gschicht mit dem Christkind,
des Rennan um die Herzn gwinnt!
Weil jeda von uns woar amol klan,
unvureingnumman, offn und donn san
mia mit longe Uhrn in da Kuchl gsessn,
befiachten des Christkind hot uns vagessn,
doch na – do woar a donn da Glocknklong,
navös, gfreidig und a bissl bong,
und donn nix wie ins Zimma mitn Bam,
geduftet, geglitzat und gleichtet wie im schenstn Tram
hot dieses olte Zimma donn,
und a jeda – egal jetz ob er's konn,
hot „Stille Nacht" donn gsungan,
die Sternspritza sand wüld umanonda gsprungan!
Die Vapockung von die Gschenke sand zarrissn,
monch ana hot a schlechtes Gwissn,
weil des mitn Brav-sein nit imma so optimal woar,
oba des Christkindle hot's Aug zuagedruckt – woar jo kloar!
So a Weihnocht wünsch i jedm,
wenigstns amol in sein Lebm,

*daham sein und die Wärme gspian,*
*a Kindle grod zum Bam her fiahn!*

## Das Weihnachtsgeschenk

*Speziell in dieser Weihnachtszeit,
so ihr Menschenkinder schon nervös seid,
schon um der Geschenke willen,
eure Neugier ist kaum mehr zu stillen!*

*In dieser Zeigt fliegt ein Gedanke umher,
wer ist dieses Christkind – wer?
Vor über 2000 Jahren ward er geboren,
uns zu erlösen auserkoren!*

*Sein Geburtstag hat uns diese Zeit geschenkt,
die wundervolle Zeit, an der jeder hängt!
Jeder soll heute ein Geschenk erhalten
und einen Gang zurück schalten!*

*Besinnung und Einkehr ist angesagt,
nämlich weil Weihnachten ist – falls wer fragt!
Nachdenken über die Geburt des Herrn,
keine Hektik – nur Ruhe – so hat man es gern.*

*Sich von der Zeit im Herzen berühren lassen,*
*mit der Familie zu sein, mit Kindern spaßen,*
*sich über Prioritäten klar werden,*
*und Mensch werden und bleiben hier auf Erden!*

*In diesem Sinn eine wunderbare Nacht,*
*schon durch's Zuhören habt ihr mir ein Geschenk gemacht,*
*ich werde es in meinem Herzen tragen,*
*für jedermann zu sehen – sollte wer fragen!*

## *Weihnochtszeit*

Kaum hot da 1. Dezemba begonnan,
man sollt gonz ruhig und auch besonnan,
den 1. Adventsunntog zelebriern,
oba mia – wo samma mitn Hirn?

Beim Oabeitn, Lafn und Hostn,
ka Zeit zum Niedasitzn und zum Rostn!
Jo bis Weihnochtn do is noch long hin,
ka Geschenk is noch im Kerble drin!

Da 8. Dezemba – schon wieda is Sunntog,
a Tog mit Kältn, wo ma nit aufstehn mog!
Is jo goar schon da 2. Advent,
nit vom Gfühl her, nur weil die 2. Kerzn brennt!

Do kummt da Vursotz zum Geschenke-kafn,
es wird jo wohl Zeit sein um in a Geschäft zu lafn!
Wos es donn wird, entscheid i spontan,
schließlich kenn i die Leit und hob an Plan!

*Und schon is da 15. Dezemba,*
*wie die Leit hektisch sand – des is a Gschra!*
*Da 3. Advent is es schon,*
*wos hot ma schon fia Monn, Tochta und Sohn?*

*Nix noch – jo is des zum Glaubm,*
*nit amol an Pullova oda a Haubm,*
*nit amol a Buach oda a Spül,*
*i glab von meine Liabm waß i doch nit so vül!*

*Und host die umgedraht is schon da 22.,*
*du glabst es kaum – des is a Schmäh,*
*grod noch woar so vül Zeit,*
*host ondres gmocht und di gfreit!*

*Um Gottes Wülln und wos jetz,*
*so wird des Weihnochtsfest ka Hetz.*
*Ka Geschenk, nix geputzt, nix is aufgrammt,*
*die gonze Zeit homma vasamt!*

*Jetz is er do da 24.,*
*und die Familie geht mit da Mama auße in Schnee,*
*da Mond losst olles glitzan und strohln,*
*und ma siegt Reh und Hosn umanonda tolln!*

*Ka Geschenk is untam Bam,*
*oba des brauch ma nit, mia samma daham,*
*olle zomman und homm uns gern,*
*und von da Bamspitzn do leichtet da Stern!*

### *Die Gschicht vom Christbam – oder doch a ondare?*

*Weihnocht kummt, a besinnliche stülle Zeit,*
*Ruhe kehrt ein und es gibt kaum mehr Streit,*
*weil a jeda is jo drauf bedocht,*
*dass des Christkind ihm a Freude mocht!*

*Da Schnee hot die Londschoft zuagedeckt,*
*gach siegt ma a Hasle wie's sein Hols aufestreckt,*
*oda a Reh, wie's noch an Opfl grobt untan Opflbam,*
*do bei uns daham!*

*Wonn ma die Ruhe do draußn siegt,*
*wie dos Eis aufn Wossa liegt,*
*wie die Sunn die Schneekristolle glänzn losst,*
*olles is Ruhe, es gibt ka Host!*

*Übatrogn sollt sich des a in jedes Haus mecht ma glabm,*
*doch hurch ma nua eine z. B. in a Labm,*
*do is Nervosität, ka Onsotz von Ruah,*
*und warum – jo do gibt's a Gschichtle dazua!*

*Schwer hob i schon imma gwoartet drauf,*
*und gfrurane Fingalan nimm i a in Kauf,*
*wonn denn die Oma nua endlich sogt: „I glab mia solln,*
*in Wold gehn und den Christbam holn!"*

*I bin sofurt zum Opa grennt,*
*hob gsogt: „Opa oba jetz spuck in die Händ,*
*host den Fuxschwonz wohl schon grichtet?"*
*„Ols schon do" hot er mia berichtet.*

*So schnöll kennt's jo goarnit schaun,*
*des meiste hob i schon onghobt – gonz im Vatraun,*
*hob zwoa gschwitzt in da Kuchl drin,*
*nua dass i als erschtes fertig ongezogen bin!*

*Da Opa is donn a glei eine in die Pölzschua,*
*und in „extra" Anorak, weil durt is Plotz gnua,*
*jo fian Fuxschwonz!, der woar unta da Oxl eingeklemmt,*
*und i bin schon zum Schlittn grennt!*

*Weil a so a Bam, der is recht schwer,*
*den ziag i donn aufn Schlittn hinta mia her!*
*Also los geht's, zerscht den Weg entlong,*
*üban Hügel und an klanan Hong!*

*Donn is da Opa vuraus gongan,*
*die Äst woarn tief – gonz schneevahongan,*
*mittn eine in Wintawold,*
*„Opa – wonn kumman die Bam?" „Dirndle – bold – bold!"*

*Da Schnee der geht ma bis üba die Knia,*
*diese Hatscharei is onstrengend als wia!*
*Da Weg der ziagt sich oba heit,*
*„Opa, sog, a is da Weg noch weit?"*

*„Na, na, nua noch a Stickale!"*
*I sog Opa: „Bitte moch kann Schmäh,*
*glei do nebm meina steht a Bam,*
*nehma den und gemma ham!"*

*Oba da Opa bleibt nit stehn.*
*„Do hintn sand schene – werst schon sehn!"*
*Und weita geht die Stapfarei.*
*„Wo bleibst denn Dirndle?" „I kumm jo glei!"*

*Und auf amol zagt a eine in Schnee,*
*auf a klane Fichtn – a „Kripale"*
*und sogt zu mia: „Is de nit schen?"*
*„Genau fias Wohnzimma, werst schon sehn!"*

„Boa Opa", sog i, „i waß nit recht?"
„Der Bam do hintn war nit schlecht!"
„Na, na", sogt der, „de is schon fein,
de soll haia unsa Christbam sein!"

Er schüttelt ihn von da Schneelost frei,
und i hülf ihm a dabei,
und wie da Opa ihn berühat,
do hob i's donn a gspürt!!!

Ka Ohnung wie da Opa des mocht,
oba donn hob i mit ihm glocht,
und des Bamle woar auf amol a richtig schen fia mi,
es hot sich uns gschenkt – so irgendwie!

Donn bin i schnöll Schmiere gstondn,
damit ma nit im Gfengnis londn,
weil dass da Bam vom eiganan Wolt woar,
woar ma vüle Joahr späta erscht kloar!

Also samma mitn „scheinboar" gfladatn Bam,
aufn Schlittn und donn schnöll ham!
Hobm ihn zum Obtaun in die woarme Werkstott gebrocht,
und i hob donn nua mehr on die woarme Kuchl gedocht!

*A Stund späta, meine Zachn sand wieda aufgetaut,*
*do hot da Opa den Christbam im Wohnzimma aufgebaut.*
*Und wos soll i sogn? Er woar anfoch perfekt,*
*weil da Opa hot in die Lucknan anfoch Äst eine gsteckt!!!*

*Niemond hot's gmerkt, kana hot's gsegn,*
*und jeda hot den Bam megn!*
*Jetzt schnöll die Stollwerk eingrollt in gfronstes Papier,*
*und mit Kugln und rote Kerzn – a wundaschene Zier!*

*Jeda hot gsegn wie stolz i bin,*
*untam gschmücktn Bam liegn vül Gschenke drin.*
*Nit nua da Opa und i hommt die Schenheit vom Bam gsegn,*
*a des Christkindle und mit sein Segn,*

*bin i bis Maria Liachtmeß täglich vurm Bam gsessn,*
*und hob in mein Märchenbuach glesn,*
*wölches mia in da heiligen Nocht,*
*des Christkind gebrocht!*

*Des hot mia donn zu denkn gebm,*
*vielleicht sollt ma in sein Lebm,*
*sei Gegnüba a bissl vom Schnee obbeitln,*
*und nit glei obwertn und geitln!*

*A jeda Mensch, a jede Situation,*
*kummt zur rechtn Zeit, des waß ma hintn noch schon,*
*jeda und olles is zu seina Zeit perfekt,*
*weil vül vül mehr dahinta steckt!*

*In diesem Sinn wünsch i eich zur heilign Nocht,*
*gonz egal wie ihr feiat, wölche Bräuche ihr mocht,*
*schaut's nit nua mit die Augn, sondan a mitn Herz,*
*auf dass ihr olle glücklich werts!*

## *Und es schneit!*

*Die Toge wearn kirza, die Nächte länga,
und ma merkt die Hosn wird enga.
Eis is zum Krotzn in da Fruah,
üba da Londschoft a Neblspua!*

*Da Winta is do, vielleicht zu fruah, vielleicht zu spot,
des Jaohr hot an miad gmocht, und grod
wonn ma denkt, es weard an olles zu vül,
wonn ma schon olles hinschmeißn wüll,*

*donn kummta, da Schnee!
Er legt sich üba Wölda, Wiesn und'n See,
und wie a sich grod üba die Haisa legt,
und die Maulwurfshigl im Goartn vasteckt,*

*do weard's ruhig und gonz friedlich daham,
woarm weard's im Herzn und man denkt on an Bam,
den's brauch zur Weihnochtszeit,
auf den sich a jeda schon gfreit!*

Es brauch diesn Duft noch'm Nodlbam,
so wie friah – daham,
funkln und glitzan wie die Kindaaugn,
solla a, wonn sie auf ihn schaugn!

Gschenke ghearn wohl a drunta, des is kloar,
vapockt mit Schleifn und Englshoar,
zomm sitzn und singan zur heilign Zeit,
beilegn jeglichn Zurn und Streit!

Jetz is es dron die Stille zum Gspian,
es is dron Host und Hektik zu valian,
weil da Schnee, da Schnee hot a Deckn gmocht,
und uns so Ruhe und Friedn gebrocht!

Gonz leise is es gwurdn rundumatum,
hurch glei auße – es is gonz stumm!
Du siegst ka Foarb wo – olles is weiß,
und üban See a dicke Schicht Eis!

Jetz is olls gleich, nix is schena oda greßa,
nix is prunkvolla oda goar bessa,
des olles hot nua da Schnee fia uns gmocht,
dass die Liab allan Plotz hot – in da heilign Nocht!

## Die Gfriah

Da Blick woar grod erscht so kloar,
und auf amol is die Sicht gonz und goar!
Wie is es passiert? Wie is des gongan?
Des Fensta mit eisige Spinnwebm vahongan,
und i probier, druck mei Gsicht on die Scheibm
und donn sieg i draußn des windige Treibm
vom Winta mit seina Kroft,
der mit Schnee und da Gfriah a neige Londschoft schofft.
Aufn erschtn Blick is ols fremd, unvatraut,
erscht beim zweitn Blick, wonn ma genau umme schaut,
donn waß ma wo da Weg geht,
zua Hittn, wo des Holz steht,
des ma braucht in da Stubm fian Herd,
damit wieda woarm werd!
I ziag mi on und mumm mi fest ein,
i wüll a schnöll wieda zruck sein,
tritt vur die Tia,
do tonzn die Flocken und da Wind blost als wia.
I senk den Blick und geh mit festn Schritt vuron,
lod's Holz auf und beim Zruckgehn donn,
merk i bei gach an Tritt,
do holtet mi die Schneedeckn nit!

Es grantscht richtig unta meina wonn's bricht,
und des windige Treibm nimmt ma die Sicht!
I gspia des Liacht aus da Stubm in mein Gsicht,
des ma Wärme und Schutz vaspricht,
und mit amol hob i gmerkt,
wie ma des Kroft gibt, wie mi des stärkt.
Und i bin eine ins Haus, die Tia hinta meina fest zua,
donn woar von dem windign Treibm a Ruah!
Wie i zruck woar, hear i die Kinda schon singan,
und sieg sie mit da Mama die Krippm her bringan
untan funklndn Bam,
do in unsan Daham!
Es riacht noch Keks und Weihrauch - gonz vatraut,
des is a Gfühl des jede Familie braucht!
Jetz zur Weihnocht, do sollt's doch glingan,
dass ma a Wärme eine bringan,
zwischn die Menschn – und die Gfriah ause spearn,
dass ma wieda „menschliche" Menschn wearn!

*Mein Dank gilt:*

*Meinem Tice, der mich immer so sein lässt, wie ich bin!*

*Markus und seiner Familie, weil es sie gibt!*

*Meinen Eltern, dass es mich gibt!*

*Pepo, Lieselotte und Rosi, die mir immer weiterhelfen wenn's klemmt!*

*Joze, der mutig meine ersten Werke vorgelesen hat!*

*Hans und Waltraud, die sich tapfer durch mein Geschriebenes gekämpft haben und doch meine Persönlichkeit beim Verbessern stehen ließen!*

*All jenen, die ins Leben bzw. aus dem Leben gingen, um mir Schreibstoff zu liefern!*

*Allen die an mich glauben!*